활어쌤 지정도서

  1학년

1	내 뿔을 찾아줘!	이성엽	부카주니어
2	황소아저씨	권정생	길벗어린이
3	학교 가는 날	송언	보림출판사
4	또박또박 반갑게 인사해요	안미연	상상스쿨
5	거꾸로 나라 임금님	이준연	삼성당
6	만희네 집	권윤덕	길벗어린이
7	세상에서 가장 힘이 센 말	박재현	맹앤앵
8	엄마 몰래 강아지 키우기	정종영	뭉치
9	황소와 도깨비	이상	다림
10	돈이 사라진 날	고정욱	한솔수북
11	할아버지의 안경	윤문영	마루벌
12	손 큰 할머니의 만두 만들기	채인선	재미마주

 2학년

1	다시 읽는 우리 옛이야기	한수지 외	부카주니어
2	지구가 아파!	정종영	뭉치
3	아주 바쁜 입	신순재	아이세움
4	삼백이의 칠일장 1, 2	천효정	문학동네
5	우리반 스파이	김대조	주니어김영사
6	으악, 도깨비다	손정원	느림보
7	인사 잘하고 웃기 잘하는 집	윤수천	시공사
8	할아버지의 약속	손정원	느림보
9	어두운 계단에서 도깨비가	임정자	창비
10	콧구멍만 바쁘다	이정록	창비
11	나쁜 어린이표	황선미	웅진닷컴
12	허도령과 하회탈	정종영	크레용하우스

3학년

1	도시수달 달수네 아파트	정종영	파란자전거
2	내 동생 싸게 팔아요	임정자	아이세움
3	브이를 찾습니다	김성민	창비
4	귀신 도깨비 내 친구	이상희	웅진주니어
5	꼴찌라도 괜찮아	유계영	휴이넘
6	병태와 콩 이야기	송언	사계절
7	세상에서 가장 아름다운 사랑 이야기	임웅순	계림북스
8	짜장 짬뽕 탕수육	김영주	재미마주
9	아씨방 일곱 동무	이영경	비룡소
10	곱빼기로 땡큐 땡큐	강용숙	소담주니어
11	멧돼지가 쿵쿵, 호박이 둥둥	김애란	창비
12	엄마도 밥 좀 해!	정임조	킨더주니어

 4학년

1	꼬마 귀신의 제사 보고서	정종영	크레용하우스
2	명태의 이유 있는 가출	이성엽	파란자전거
3	바다 마녀 우술라의 고민 상담소	제성은	크레용하우스
4	극한직업! 저승치시	정종영	단비어린이
5	벽란도의 비밀 청자	문영숙	문학동네
6	행복한 비밀 하나	박성배	푸른책들
7	집 안 치우기	고대영	길빗어린이
8	가끔씩 비 오는 날	이가을	창비
9	어린이를 위한 청백리 이야기	임영진	어린른이
10	분황사 우물에는 용이 산다	배유안	파란자전거
11	지우개 따먹기 법칙	유순희	푸른책들
12	유네스코 세계 유산 한국의 갯벌	정종영	뭉치

5학년

1	모래소금	정종영	파란자전거
2	엄마는 파업 중	김희숙	푸른책들
3	장님 강아지	손창섭	우리교육
4	들꽃아이	임길택	길벗어린이
5	교양아줌마	오경임	창비
6	금단 현상	이금이	푸른책들
7	탄소중립, 우리가 실천해요	정종영	쉼어린이
8	초정리 편지	배유안	창비
9	책과 노니는 집	이영서	문학동네
10	조선의 마지막 춤꾼	정종영	크레용하우스
11	남사당 조막이	김소연	뜨인돌어린이
12	서찰을 전하는 아이	한윤섭	푸른숲주니어

6학년

1	대한민국 임시 정부 초대 국무령 이상룡	정종영	대원사
2	배꽃마을의 비밀	송언	위즈덤하우스
3	유네스코 동물권리선언 탐구생활	정종영	파란자전거
4	쌀뱅이를 아시나요	김향이	파랑새어린이
5	우주호텔	유순희	해와나무
6	다산의 아버님께	안소영	진경문고
7	원사웅	장주식	문학동네
8	구덩이	루이스 새커	창비
9	나비를 잡는 아버지	현덕	효리원
10	마과회통, 역병을 막아라!	정종영	애플북스
11	무덤속의 그림	문영숙	문학동네
12	조선의 도공 동이	윤자명	크레용하우스

※ 도서 선정 기준 - 초등 교과서 연계 및 가치 있는 우리 동화를 위주로 선택하였습니다.

독서 기록장

No.	날짜	책제목	저자	출판사	부모님 확인

 **목차**

1. 일기란

일기란 무엇일까요?	10
일기는 왜 써야 할까요?	11
일기문에 대해 알아봅시다	13
일기문 관련 단어 찾기	14
재미있는 날씨 표현 (1)	15
재미있는 날씨 표현 (2)	16
재미있는 계절 표현 (1)	17
재미있는 계절 표현 (2)	18
오감표현 알아보기 (1)	19
오감표현 알아보기 (2)	20

일기에서 글감 찾기 …………………………………… 21
육하원칙 알아보기 (1) …………………………………… 22
육하원칙 알아보기 (2) …………………………………… 23
육하원칙 알아보기 (3) …………………………………… 24
흉내 내는 말 알아보기 …………………………………… 25
흉내 내는 말 찾아보기 (1) ……………………………… 28
흉내 내는 말 찾아보기 (2) ……………………………… 29

2. 다양한 일기

일기문 (1) ………………………………………………… 32
일기문 (2) ………………………………………………… 34
일기문 (3) ………………………………………………… 36
일기문 (4) ………………………………………………… 40
일기문 (5) ………………………………………………… 43
일기문 (6) ………………………………………………… 46
일기문 (7) ………………………………………………… 49
일기문 (8) ………………………………………………… 52
일기문 (9) ………………………………………………… 55
일기문 (10) ………………………………………………… 58
일기문 (11) ………………………………………………… 61

 일기란?

일기는 비밀 친구 같아요.
오늘 있었던 일을 마음껏 털어놓을 수 있고, 누구에게도 말할 수 없는 비밀 이야기도 솔직하게 쓸 수 있거든요.
일기장 속에는 이런 일만 적는 게 아니에요. 행복했던 일, 슬펐던 일, 화가 났던 일 등 모든 일을 적을 수 있어요.
나중에 일기를 읽어보면 추억이 떠오르면서 마음의 변화를 알 수 있어요.
게다가 글쓰기 실력도 향상시킬 수 있고, 상상력도 풍부해져요.

일기는 여러분의 특별한 기록이에요. 언제든지, 어디든지 자유롭게 일기를 쓸 수 있어요. 멋진 그림이나 사진을 붙여 더욱 특별하게 만들 수도 있어요.
이제부터 멋진 비밀 친구를 만난다는 기분으로 일기를 써보세요!

일기란 무엇일까요?

　일기는 하루 동안 있었던 일 중 가장 기억에 남는 일, 사건, 경험 등을 글로 나타낸 것입니다. 일기를 쓸 때, 사건과 경험 중에서 느낀 감정과 깨달음이 있다면 솔직하게 적어야 합니다.
　이렇게 일기를 쓰고, 또 다음날에도 일기를 계속 쓴다면 일기는 '나'라는 사람이 쓴 역사가 됩니다.

　사진첩에 있는 사진을 보며 기억을 떠올리듯 일기를 보면 이전의 경험과 느낌을 상상할 수 있습니다. 일기는 일정한 틀이나 형식에 얽매이지 않고 쓸 수 있으므로 개성을 마음껏 표현할 수 있습니다.

일기는 왜 써야 할까요?

첫째, 나의 역사를 기록할 수 있습니다.

역사책은 나라의 일기입니다. 역사책을 읽어보면 예전에 일어났던 일이 지금의 사건과 아주 비슷하다는 것을 알 수 있습니다. 그래서 "역사는 돌고 돈다."는 말을 자주 사용합니다.

우리는 과거의 잘못을 현재와 미래에 다시 실수하지 않기 위해 역사책을 읽고 공부합니다.

일기도 비슷합니다. 일기를 계속 쓰면 나의 역사를 기록으로 남길 수 있습니다. 또한 과거의 잘못을 뒤돌아보고 반성하면서 앞으로는 좀 더 나은 내가 될 수 있도록 노력할 수 있습니다.

만약, 친구와 의견이 달라 다툰 일을 일기로 적고 반성했다면, 나의 행동은 어떻게 달라질까요? 아마 다음에는 과거처럼 싸우지 않고 대화, 지혜로운 행동으로 해결할 수 있오도록 노력할 것입니다.

둘째, 글 쓰는 실력이 향상됩니다.

일기를 쓸 때, 좋은 문장을 쓰려고 노력합니다. 같은 문장, 같은 단어를 반복하지 않고, 유의어를 활용하고, 재미있는 표현을 찾습니다. 이렇게 고민하며 노력하기 때문에 문장이 좋아집니다.

매일매일 내용이 다른 일기를 써야 하므로 다양한 소재를 찾기 위해 또 고민합니다. 소재가 다양한 일기는 재미가 있습니다.

일기를 쓸 때, 생각을 많이 합니다. 오늘 일어난 일을 떠올려보고, 사건을 정리하면서 차근차근 글을 씁니다. 이런 노력을 통해 문장 구성 능력이 좋아집니다.

좋은 문장, 다양한 소재, 문장 구성 능력이 좋아지면, 글쓰기 실력이 향상됩니다.

셋째, 글로 쓰는 앨범입니다.

특별한 날, 기억하고 싶은 날에는 사진을 찍어 추억을 많이 남깁니다. 사진을 보면, 그때 그런 일이 있었다는 것을 떠올릴 수 있습니다. 하지만 오랜 시간이 지나 사진을 보면, 그때의 일은 생각나지만, 느낌과 감정까지는 생생하게 떠오르지 않습니다.

중요한 순간과 경험, 이런 일을 일기로 기록해두면, 시간이 지나도 사건, 느낌, 감정까지 떠올릴 수 있습니다.

구체적으로 어떤 일이 있었는지, 무엇을 먹고, 무엇을 느꼈는지 일기에 생생하게 표현할 수 있습니다. 이런 일기는 나의 소중한 기억이 담긴 앨범이 됩니다.

 ## 일기문에 대해 알아봅시다

1. 일기문이란 무엇인가요?
　일기문은 날마다 보고, 듣고, 했던 일을 생각이나 느낌을 넣어 적습니다.

2. 일기의 특징
- 진실성
- 하루 기록

> ※ 일기와 생활문은 차이가 없습니다. 날짜와 날씨를 기록하고, 하루의 일을 쓰면 일기입니다.

- 특별한 일

3. 일기 형식(기본 틀)
① 날짜 : 20○○년 ○월 ○일
② 날씨 : 구체적으로 적기
　　　　　살아있는 문장을 활용하여 시선 사로잡기
③ 제목 : 주제와 관련된 사건을 매력적인 문장으로 표현하기
④ 사건 쓰기 : 4~5줄, 제목과 관련된 사건 중심으로 쓰기
⑤ 반성과 느낌

4. 일기 변화 요소
　자유로운 형식으로 일기에 변화 주기 : 시(동시), 그림(명화), 사진, 팸플릿, 관람권, 독후감, 관찰 일기 등

일기 관련 단어 찾기

가로, 세로에서 아래 '일기문'과 관련된 단어를 찾아보세요.

> 일기문, 진실성, 날짜, 날씨, 제목, 글감, 생각과 느낌

과	활	호	미	서	유	멘	장	오	용
청	타	일	기	문	차	스	어	성	빨
미	하	미	풀	언	표	일	진	소	상
떡	제	다	어	아	하	체	실	티	다
국	목	속	집	기	딱	다	성	쿠	서
이	도	삭	여	민	어	프	유	이	독
문	세	속	다	치	리	소	우	하	생
서	사	날	짜	공	장	글	어	마	각
이	사	씨	여	밑	어	감	유	이	과
문	큐	도	다	줄	리	소	타	하	느
포	폰	랑	서	도	석	스	알	커	낌

재미있는 날씨 표현 (1)

'맑음, 흐림, 비, 눈' 중 알맞은 것을 찾아 ○표 하세요.

① 해님이 이글이글 힘자랑한다.

② 온 세상이 새하얀 설탕을 뿌려놓은 것 같다.

③ 우리 동네로 먹구름이 달려온다.

④ 후드득, 후드득 빗소리가 노랫소리 같다.

⑤ 회색 하늘이다. 해님은 소풍 갔나 보다.

⑥ 햇빛이 보석처럼 부서져 내린다.

⑦ 놀이터에서 빗방울이 미끄럼틀 탄다.

 **재미있는 날씨 표현 (2)**

'맑음, 흐림, 비, 눈' 중 알맞은 것을 찾아 ○표 하세요.

① 선글라스가 필요한 날이다.

② 목도리와 장갑이 필요한 날이다.

③ 긴 장마는 언제 끝나려나?

④ 온종일 해님을 보지 못했다.

⑤ 비에 젖은 흙냄새에 코를 킁킁거렸다.

⑥ 새싹이 쑥쑥 자라라고 하늘에서 내리는 비님.

⑦ 소풍 가기 좋은 날이다.

재미있는 계절 표현 (1)

'봄, 여름, 가을, 겨울' 중 알맞은 것을 찾아 ○표 하세요.

① 벚꽃 잎이 바람에 흩날린다.

② 더워서 땀이 비처럼 후드득후드득 떨어진다.

③ 새하얀 눈밭에 뒹굴고 싶어라.

④ 온 세상이 울긋불긋 물들었다.

⑤ 새싹들이 기지개를 켠다.

⑥ 빠알간 단풍잎, 노오란 은행잎 편지.

⑦ 바다에 풍덩 뛰어들고 싶다.

재미있는 계절 표현 (2)

'봄, 여름, 가을, 겨울' 중 알맞은 것을 찾아 ○표 하세요.

① 수박 한 입 베어 물면 달콤함이 최고야!

② 겨울바람이 휘파람 분다.

③ 고추잠자리가 하늘에 그림을 그린다.

④ 봄바람이 겨울 찬바람을 밀어냈다.

⑤ 바람이 주렁주렁 곶감을 따먹고 싶어 흔들흔들.

⑥ 처마 밑 고드름이 주렁주렁.

⑦ 잠자던 개나리꽃이 눈 비비며 피어난다.

오감 표현 알아보기 (1)

감각에 맞는 뜻에 줄로 서로 이어보세요.

미각 ■　　　　　　■ 색깔이나 모습

후각 ■　　　　　　■ 맛

시각 ■　　　　　　■ 냄새

촉각 ■　　　　　　■ 만지는 느낌

청각 ■　　　　　　■ 소리

오감 표현 알아보기 (2)

감각에 맞는 뜻에 줄로 서로 이어보세요.

미각 ■   ■ 향기로운 꽃냄새

후각 ■   ■ 아이스크림의 달콤함이 입안 가득하다.

시각 ■   ■ 찰랑찰랑 물결이 새파랗다.

촉가 ■   ■ 얼음 같은 내 손이 핫팩을 만나 따뜻하게 녹았다.

청각 ■   ■ 피아노 소리는 언제나 감미롭다.

 일기에서 글감 찾기

1. 가정에서 경험했던 일

① 재활용쓰레기 분리수거

② 부모님을 도와 집안일 하기

③

2. 학교에서 경험했던 일

① 꽃밭 가꾸기

② 체육시간에 했던 공놀이

③ 점심시간, 친구와 함께 한 춤 연습

3. 재미있는 일, 기억에 남는 일

① 공룡 전시회 관람

② 가족과 함께 간 놀이공원

③

육하원칙 알아보기 (1)

아래 가로, 세로 칸에서 '육하원칙'과 관련된 단어를 찾아보세요.

누가, 언제, 어디서, 무엇을, 어떻게, 왜

과	무	호	미	서	왜	멘	장	오	용
청	타	일	필	수	차	스	어	성	빨
어	하	미	풀	언	표	일	진	소	상
떡	수	다	언	제	하	체	무	티	다
국	목	속	누	거	딱	다	엇	쿠	서
이	도	삭	여	민	어	프	을	이	독
문	세	속	다	치	리	누	가	하	학
서	어	디	서	공	부	초	어	마	생
이	사	가	여	어	어	감	유	이	과
문	큐	도	다	떨	리	소	타	하	장
포	폰	랑	서	게	석	스	알	커	끼

육하원칙 알아보기 (2)

감각에 맞는 뜻에 줄로 서로 이어보세요.

누가
(사람)   ■   ■   리코더 연습을

언제
(시간)   ■   ■   수영이와 나는

어디서
(장소)   ■   ■   글쓰기 수업을 가기 전에

무엇을
(사실이나 사물)   ■   ■   노래 박자에 맞추어 연주했다.

어떻게
(방법)   ■   ■   내일은 리코더 불기 실기 시험이 있기 때문이었다.

왜
(이유)   ■   ■   학교 교실에서

육하원칙 알아보기 (3)

감각에 맞는 뜻에 줄로 서로 이어보세요.

누가　　　　　　　　　　학예발표 시간에
(사람)

언제　　　　　　　　　　동시를
(시간)

어디서　　　　　　　　　현우가
(장소)

무엇을　　　　　　　　　교실에서
(사실이나 사물)

어떻게　　　　　　　　　운율에 맞추어 낭송했다.
(방법)

왜　　　　　　　　　　　재미난 동시를 선생님과
(이유)　　　　　　　　　친구들에게 소개하고
　　　　　　　　　　　　싶었기 때문이다.

 **흉내 내는 말 알아보기**

흉내 내는 말을 사용하면 재미나고 생생한 글이 됩니다.

소리를 흉내 내는 말: **의성어**
모습을 흉내 내는 말: **의태어**

◆ 소리를 흉내 내는 말 - 자연의 소리

 ■   ■ 주룩주룩

 ■   ■ 졸졸

 ■   ■ 쌩쌩

 ■   ■ 철썩철썩

◆ 소리를 흉내 내는 말 – 동물의 소리

■　　　　　　　　　　　　■　꿀꿀

■　　　　　　　　　　　　■　찍찍

■　　　　　　　　　　　　■　음매음애

■　　　　　　　　　　　　■　삐약삐약

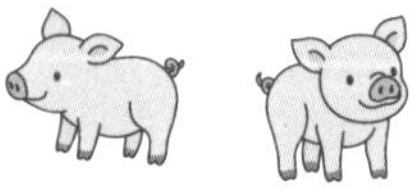

■　　　　　　　　　　　　■　꽥꽥

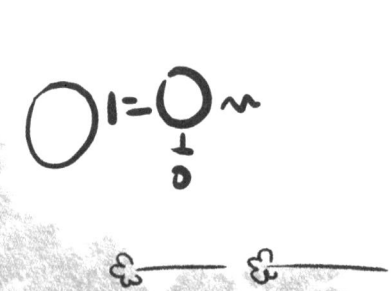

◆ 모습을 흉내 내는 말

 ■　　　　■ 엉금엉금

 ■　　　　■ 뒤뚱뒤뚱

 ■　　　　■ 폴짝폴짝

 ■　　　　■ 깡충깡충

 ■　　　　■ 사뿐사뿐

흉내 내는 말 찾아보기 (1)

문장에 알맞은 흉내 내는 말을 찾아 ○ 하세요.

1. 만수는 뒤에서 (빵빵, 드르렁드르렁, 짹짹)거리는 자동차 소리에 화들짝 놀랐다.

2. 아기가 (와그작와그작, 뽀글뽀글, 새근새근) 잠을 잤다.

3. 오이를 한 입 물고 (맴맴, 아삭아삭, 뽀드득뽀드득) 씹어먹었다.

4. 장작 불 위의 삼겹살이 (지글지글, 쩔렁쩔렁, 훌쩍훌쩍) 맛있게 익어갔다.

5. 현관문의 풍경(작은 종)이 (개골개골, 딸랑딸랑, 퐁당퐁당) 맑은 소리를 낸다.

흉내 내는 말 찾아보기 (2)

문장에 알맞은 흉내 내는 말을 찾아 ○ 하세요.

① (바스락바스락, 와글와글) 낙엽 밟는 소리가 정겹게 들렸다.

② 개똥이는 (야옹야옹, 뿡뿡, 냠냠) 방귀대장!

③ (후루룩후루룩, 쿨쿨) 맛있는 라면!

④ 태풍이 (재깍재깍, 덜컹덜컹) 창문을 흔든다.

⑤ 가을 음악회에 들리는 (꼬끼오, 벌컥벌컥, 귀뚤귀뚤) 귀뚜라미 노랫소리.

다양한 일기 ②

　글을 잘 쓰려면, 남이 쓴 글을 많이 읽어보면 됩니다. 일기도 방법이 똑같습니다.
　친구의 일기, 책 속의 일기 등 다양한 일기를 읽어보세요. 다양한 사람의 생각과 감정을 보고 읽으면서 일기 쓸 때 아이디어를 얻을 수 있습니다. 어떤 일기를 읽을지 고민이 된다면, 여러분이 좋아하는 작가나 유명한 사람의 일기를 찾아보세요.
　일기를 읽으면서 마음에 드는 표현이나 문장을 찾아보는 것도 좋은 방법입니다. 골라낸 단어나 문장을 가지고 다른 형태로 바꿔보는 것도 글을 잘 쓰는 방법의 하나입니다.
　하지만 남이 쓴 잘 쓴 일기를 그대로 따라 하기보다는 개성을 살려 글을 쓰세요. 어떤 주제를 다룰지, 어떤 표현을 사용할지 자유롭게 생각해 보세요. 여러분의 일기가 특별하고 흥미로운 글이 될 수 있도록 노력해 보세요.
　이렇게 꾸준히 하다 보면 언젠가는 멋진 글을 쓸 수 있을 거예요. 마치 작가처럼 말이에요.

일기문 (1)

날짜 : 3월 10일

날씨 : 해님이 반짝반짝

제목 : 쌩쌩 자전거

  수업이 끝나자마자 머릿속에 자전거를 떠올렸다. 이번 생일에 새 자전거를 선물로 받았기 때문이다.

  자전거를 끌고 아파트에서 자전거를 탈 수 있는 곳으로 갔다. 자전거에 조심스럽게 올라타 페달을 있는 힘껏 밟았다.

  씽씽 소리가 났다. 내리막길도 달려보았다. 살짝 무서웠지만 멈추지 않았다. 씽씽 소리가 더 크게 들렸다.

  바람을 가르는 소리, 씽씽!

  내 가슴이 뻥 뚫리는 소리, 쌩쌩!

1. 글쓴이가 탄 것은 무엇인가요?
   ① 킥보드
   ② 자전거
   ③ 보드
   ④ 자동차
   ⑤ 오토바이

2. 자전거를 탈 때 들리는 재미있는 소리 표현은 무엇인가요?
   ① 부스럭부스럭
   ② 오싹오싹
   ③ 땡그랑땡그랑
   ④ 씽씽
   ⑤ 오글오글

3. 주변에서 들을 수 있는 소리를 '씽씽', '쌩쌩' 같은 의성어로 표현해 보세요.

(초2 정현우)

날짜 : 6월 5일

날씨 :

제목 : 도서관

　엄마와 함께 도서관에 갔다. 손오공이 주인공인 책을 골랐다. 손오공, 삼장법사, 악당이 나왔다. 손오공이 악당을 물리칠 때 히죽히죽 웃음이 나왔다. 통쾌했다. 내가 손오공이면 태권도 발차기로 물리쳤을 텐데…….

　옆에서 엄마도 책을 읽으셨다. 엄마 책은 글자가 작고 많았다.

　'나도 크면 글자 많은 책을 읽어야지.'

　도서관은 자주 가고 싶다. 책과 친한 친구가 되고 싶다.

1. 글쓴이가 엄마와 간 곳은 어디인가요?
    ① 시장
    ② 영화관
    ③ 키즈 카페
    ④ 도서관
    ⑤ 백화점

2. 글쓴이가 읽은 책은 누가 나오나요?
    ① 손오공
    ② 도로시
    ③ 백설공주
    ④ 흥부와 놀부
    ⑤ 어린왕자

3. 도서관에서 책을 빌려 본 적이 있나요? 빌려 본 책 중에서 가장 재미있게 읽는 책을 자세히 소개해보세요.

_____
_____
_____

일기문 (3)

날짜 : 4월 15일

날씨 : 빗방울이 유리창에서 미끄럼틀 타는 날

제목 : 휴대폰 없다면

 집에 오자마자 휴대폰을 켰다. 좋아하는 게임을 시작했다. 친구 두 명이 게임에 이미 들어 와있었다. 내 손가락이 휴대폰 화면에서 춤을 추듯 움직였다. 한번 시작한 게임은 멈출 수 없었다.

 "삐리리리릭."

 알람이 울렸다. 학원에 갈 시간이었다.

 손을 씻으러 화장실로 갔다. 여전히 손에는 휴대폰이 있었다. 휴대폰을 선반 위에 올려놓았다.

 "퐁당!"

 악! 휴대폰이 미끄러져 떨어지면서 물에 빠졌다. 부리나케 휴대폰을 건져서 수건으로 닦았다. 겉으로

보기에는 괜찮아 보이길래 일단 학원을 갔다 왔다.

'제발 고장 나면 안 되는데…….'

머릿속에는 온통 휴대폰 생각뿐이었다.

아뿔싸! 휴대폰이 충전되지 않았다. 큰일이다. 시간을 되돌리고 싶었다.

어쩔 수 없이 휴대폰을 쓰지 않으니 저녁에 시간이 남았다. 책도 읽고 엄마와 이야기도 많이 했다.

잠들기 전에 충전기를 다시 꽂아 보니 휴대폰에 번개 모양 불이 들어왔다. 고장인 줄 알았는데 천만다행이다.

돌이켜 생각해보니깐 잠깐이지만, 휴대폰이 안 되는 것도 좋은 것 같다. 저녁 시간을 알차게 보냈기 때문이다.

앞으로 화장실에 휴대폰을 갖고 들어가지 않을 것이다.

1. 글쓴이가 집이 오자마자 한 것은 무엇인가요?
   ① 숙제를 했다.
   ② 손을 씻었다.
   ③ 장난감을 꺼냈다.
   ④ 피아노를 쳤다.
   ⑤ 휴대폰을 켰다.

2. 손을 씻을 때, 물에 빠진 것은 무엇일까요?
   ① 게임기
   ② 충전기
   ③ 수첩
   ④ 휴대폰
   ⑤ 지갑

3. 학원에 다녀온 나는 무엇을 했나요?
   ① 게임을 했다.
   ② 휴대폰에 충전기를 꽂았다.
   ③ 일기를 썼다.
   ④ 연필을 깎았다.
   ⑤ 나가서 축구를 했다.

4. 잠들기 전에 한 생각은 무엇인가요?

　① 휴대폰이 안 되는 것도 좋은 것 같다.

　② 친구에게 사과를 해야겠다.

　③ 내일은 꼭 축구를 해야지.

　④ 어머니를 도와 집안일을 해야지.

　⑤ 선생님 말씀을 잘 들어야겠다.

5. 글쓴이는 왜 4번처럼 생각했을까요?

　① 저녁 시간을 알차게 보냈기 때문이다.

　② 과자는 너무 맛있기 때문이다.

　③ 내 친구는 천사의 마음을 가졌기 때문이다.

　④ 축구 연습을 많이 했기 때문이다.

　⑤ 집안일이 힘들기 때문이다.

일기문 (4)

날짜 : 7월 7일

날씨 : 불처럼 더운 날

제목 : 보고 싶은 친구

수영이라는 잊을 수 없는 친구가 있다.

3학년이 되던 봄, 나는 아파트 놀이터에서 그네를 타다가 줄을 놓쳐 오른쪽 팔목을 다쳤다.

3주일이나 석고 붕대를 하고 다녔는데, 몹시 불편했다. 그때, 내 짝인 수영이가 거의 매일 책가방을 들어다 주고, 미술 시간에는 풀칠과 가위질도 해 주는 등 여러 가지를 도와주었다.

붕대를 풀던 날, 수영이는 마치 자기 팔이 낫기라도 한 것처럼 기뻐했다. 만약 수영이가 다쳤다면, 내가 그렇게 도와줄 수 있을까?

3학년이 되어 수영이와 짝이 되었을 때만 해도,

나는 수영이가 마음에 들지 않았다. 초라한 옷차림과 말이 없는 수영이의 성격이 마음에 들지 않았기 때문이다. 하지만 수영이의 착한 마음을 알고 나서는 겉모습만 보고 친구를 사귀려던 자신이 부끄러웠다. 그 후, 우리는 단짝 친구로 아주 가깝게 지냈다.

4학년이 되면서 수영이는 다른 학교로 전학을 갔다. 오늘은 보고 싶은 수영이에게 전화를 해야겠다.

1. 수영이와 나는 언제 처음 만났을까요?
   ① 1학년
   ② 2학년
   ③ 3학년
   ④ 4학년
   ⑤ 5학년

2. 수영이에 대한 설명 중 옳지 않는 것을 고르세요.
   ① 팔에 붕대를 했다.
   ② 내 책가방을 들어주었다.
   ③ 말이 없는 조용한 학생이었다.
   ④ 내 짝꿍이었다.
   ⑤ 전학을 갔다.

3. 나에게도 수영이 같은 친구가 있는가요?
내가 좋아하는 친구에 대해 써 보세요.

날짜 : 11월 13일 수요일

날씨 : 흐리고 비

제목 : 감기

 기침이 나고 온몸에 열이 났다. 머리가 무겁고, 목이 아팠다. 집에 오자마자 자리에 누웠다.

 한참을 누워 꼼짝도 하지 않았다. 너무 아파서 몸을 옆으로 돌릴 수도 없었다. '아파서 오래 누워있는 사람은 얼마나 괴로울까?'라는 생각이 들었다.

어머니께서 내 이마를 짚어 보시더니, "은수야, 열이 높구나. 이렇게 아픈데 어떻게 왔니?" 하시며 감기약을 챙겨 주셨다.

얼마 전에 어머니께서 독감(심한 감기)에 걸리셨다.

'눕지도 못하시고 계속 일을 하셨는데, 얼마나 힘이 드셨을까?'

이런 생각을 하자, 어머니께 죄송한 마음이 들었다.

감기약을 먹고 자다가 깨어보니, 어머니와 아버지께서 걱정스러운 표정으로 나를 보고 계셨다.

1. 은수 일기의 제목은 무엇인가요?
    ① 감기
    ② 숙제
    ③ 시험
    ④ 대회
    ⑤ 놀이터

2. 글의 내용이 맞는 것을 고르세요.
    ① 감기야 떨어져라.
    ② 감기 걸리기 딱 좋은 날씨
    ③ 독감 걸렸을 때도 쉬시지 못한 엄마
    ④ 아주 쓴 감기약
    ⑤ 감기에 다시는 걸리지 않을 것이다.

3. 감기에 걸리면 어떻게 해야 할까요?

_____

_____

일기문 (6)

날짜 : 9월 6일

날씨 :

제목 : 강아지

　지난 화요일, 학교에서 돌아오니 라면상자가 거실 중간에 있었다. 상자 안에서 '낑낑' 거리는 소리가 났다. 하얀 털이 몽실몽실한 귀여운 새끼강아지가 있었다.

　어머니께서 동네 애견 가게에서 데리고 온 것이라고 했다. 강아지의 눈이 별처럼 예뻐서 '별이'라고 이름을 붙였다.

　상자 안에 방석을 깔고 작년에 입었던 나의 헌 겨울옷을 상자 속에 깔았다. 새로 집을 사기 전까지 임시로 집을 만들어 주었다.

　별이는 태어난 지 두 달 되었다고 한다. 아직

새끼라서 그런지 머리를 쓰다듬어 주려 하면 눈을 깜빡거리면서 숨거나 몸을 움츠렸다. 겁이 아주 많은 것 같다.

 이제 별이는 내가 학교 갔다 오면 꼬리를 흔들며 달려 나온다. 내가 주는 과자를 받아먹고, 나의 손바닥을 핥기도 한다. 손바닥이 간질간질하다.

 별이와 놀고 있으면 시간이 쏜살같이 지나갔다. 별이와 하루 종일 놀고 싶다.

1. 라면상자에 있던 것은 무엇인가요?
   ① 라면
   ② 과자
   ③ 책
   ④ 강아지
   ⑤ 장난감

2. '별이'라고 이름을 지은 이유는 무엇인가요?
   ① 별나라에서 와서
   ② 눈이 별처럼 예뻐서
   ③ 동네 애견 가게 이름이 별이라서
   ④ 아파트 이름이 별이라서
   ⑤ 성격이 별나서

3. 별이의 행동이 아닌 것을 고르세요.
   ① 손바닥 핥기
   ② 몸을 움츠리기
   ③ 꼬리 흔들기
   ④ 과자 받아먹기
   ⑤ 으르렁 소리내기

 일기문 (7)

날짜 : 10월 13일

날씨 :

제목 : 초고속 열차

  우리 가족은 놀이공원에 갔다. 초고속 열차가 보였다. 동생이 겁을 먹은 듯 초고속 열차를 보고 몸을 파르르 떨었다.

  "무서워 보여? 형이 타는 걸 눈 크게 뜨고 봐!"

동생을 보며 어깨를 으쓱거렸다.

얼른 뛰어가 줄을 섰다.

"꺄악!"

높은 곳에서 사람들이 고함쳤다.

  내 차례가 왔다. 제일 앞자리에 앉았다. 안내방송이 나온 뒤, 열차가 천천히 움직였다. 속도가 점점 빨라졌다.

달리는 열차처럼 내 심장도 세차게 쿵쾅거렸다. 열차는 순식간에 높은 곳까지 올라갔다. 세상이 아주 작게 보였다. 열차가 아래로 뚝 떨어졌다. 내 심장도 쿵 떨어졌다. 눈을 질끈 감았다. 머리털이 쭈뼛쭈뼛 곤두섰다. 온몸에 힘이 쪽 빠졌다.

 정신을 차려보니 열차는 처음 출발했던 곳에 와 있었다. 열차를 내리는데 다리가 후들후들 떨렸다.

동생이 활짝 웃으며 손을 흔들었다.

"우와! 형 최고다."

동생이 큰 소리로 얘기하면서 엄지손가락을 위로 올렸다.

"너도 조금 더 크면 멋지게 탈 수 있어!"

나는 별것 아니라는 듯 호탕하게 웃었다. 오늘 열차에서의 일은 나 혼자만 비밀이었다.

1. 내가 탄 놀이기구는 무엇인가요?
   ① 범버카
   ② 초고속 열차
   ③ 귀신의 집
   ④ 회전목마
   ⑤ 하늘 그네

2. 글의 내용이 맞는 것을 고르세요.
   ① 제일 앞자리에 앉았다.
   ② 최고 지점에서 제일 재미있다.
   ③ 동생과 함께 탔다.
   ④ 신나서 소리 질렀다.
   ⑤ 눈을 한 번도 감지 않았다.

3. 글쓴이는 놀이기구가 생각보다 무서워서 눈을 질끈 감 았습니다. 여러분은 놀이기구를 탈 때 기분이 어떤가요? 느낌을 구체적으로 써 보세요.

일기문 (8)

날짜 : 10월 1일

날씨 :

제목 : 책 읽기 좋은 날

 오늘은 책 읽는 시간이 있었다. 책을 읽으면서 책 속 세계에 빠져들었다. 책을 읽는 건 항상 행복한 시간이다.

 오늘은 '오즈의 마법사'라는 책을 읽었다.

 주인공 도로시가 머리가 텅 빈 허수아비, 심장이 없는 양철 나무꾼, 용기가 없는 사자를 만나 함께 모험을 떠나는 이야기이다.

 허수아비는 내 친구 진구 같았다. 진구는 계산도 느리고, 받아쓰기도 많이 틀리기 때문이다. 이 모험에 진구가 같이 갔으면 좋겠다는 생각이 들었다.

 나무다리를 건너는 장면이 나왔는데 울산

출렁다리를 건너는 기억이 떠올랐다. 바닷바람이 세서 다리가 흔들흔들 움직이고 내 다리는 후들후들 떨렸다. 하지만 도로시 일행은 용감하게 다리를 건넜다.

'오즈의 마법사'를 읽으니 힘든 일을 먼저 포기하기보다는, 여럿이 함께 하면 해결할 수 있다는 생각이 들었다.

책을 읽으면서 여러 사람의 생각을 알게 되고 삶의 지혜를 배우는 것 같다. 매일 한 권씩 읽어야겠다.

1. 글쓴이가 읽은 책은 무엇인가요?
   ① 독서의 좋은 점
   ② 오즈의 마법사
   ③ 겁쟁이 사냥꾼
   ④ 마법사의 마법 학교
   ⑤ 흔들다리의 비밀

2. 이 책을 읽고 느낀 점은 무엇일까요?
   ① 책을 읽으니 시간이 쏜살같이 지나간다.
   ② 진구가 똑똑해지면 좋겠다.
   ③ 책에서 읽은 것들을 모두 경험해보고 싶다.
   ④ 책을 읽고 삶의 지혜를 배울 수 있다.
   ⑤ 책읽기는 많이 해서 이제 쉬어도 된다.

3. 기억에 나는 책 이름 한 권을 적고, 이유를 구체적으로 적어보세요.

_____

_____

_____

일기문 (9)

날짜 : 10월 6일

날씨 :

제목 : 내 동생

내 동생은 눈이 툭 튀어나와 귀엽게 생겼습니다.

내가 초콜릿 과자를 두 개 사서 동생에게 하나를 주니까 "조금 있다가 먹을래." 하고 감추었습니다.

내 것을 빨리 먹고 동생 것을 빼앗아 먹으려고 찾아보았지만 찾을 수가 없었습니다. 눈치 빠른 내 동생은 어떻게 알았는지, "엄마, 오빠가 내 초콜릿 과자를 뺏어 먹으려고 찾고 있어요." 하고 고자질하였습니다.

"너, 이 녀석, 효민이한테 초콜릿 과자를 주고 빼앗아 먹으면 안 되지. 뺏어 먹으면 혼날 줄 알아라."

어머니께서 꾸중하셨습니다.

"우리 오빠, 우리 엄마한테 야단맞고 있다."

동생은 신이 나서 동네 아이에게 떠들고 다녔습니다. 그럴 때는 참 얄밉지만, 내 말을 잘 들을 때는 참 귀여운 동생입니다.

앞으로 동생을 더욱더 사랑해주는 오빠가 되겠습니다.

1. 글쓴이는 동생에게 무엇을 주었나요?
    ① 옥수수빵
    ② 별 모양 사탕
    ③ 아이스크림 10개
    ④ 초콜릿 과자
    ⑤ 색연필

2. 글쓴이는 어머니께 꾸중을 들었습니다. 왜 꾸중을 들었을까요?
    ① 동생 초콜릿 과자를 뺏어 먹으려고 했다.
    ② 동생을 놀렸다.
    ③ 동생이 만든 종이상자를 부숴버렸다.
    ④ 시험 점수가 50점이라고 동생이 소문냈다.
    ⑤ 동생에게 똥침을 놓았다.

3. 이 일기에는 날씨가 빠져 있습니다. 날짜를 보고 날씨를 상상하면서 적당한 표현을 적어보세요.

일기문 (10)

날짜 : 5월 13일

날씨 :

제목 : 태극기

 오늘 학교에서 태극기에 대해 배우고, 태극기를 만들었다. 태극기는 우리나라의 국기 이름이다. 국기의 한가운데에 빨간색과 파란색으로 동그란 태극 무늬가 있어 '태극기'이다.

 태극 무늬는 삼국시대부터 사용했다. 삼국을 통일한 문무왕이 세운 '감은사' 절의 주춧돌에 태극무늬가 있다.

 태극기는 지금부터 100년 훨씬 이전부터 국기로 사용했다. 박영효 일행이 조선에서 일본으로 가다가 나라의 표시인 국기가 필요해서 만들었다. 처음에는 8괘로 그렸는데 복잡해서 4괘로 줄여 지금처럼

되었다.

　일제강점기 시절에는 한국 사람도 일본 국기를 달아야 했다. 우리 선조는 손으로 그린 태극기를 품속에 깊이 간직하고 다니며 나라를 되찾으려 태극기를 휘두르고 만세를 불렀다.

　태극기의 의미를 알게 되자 가슴 속이 애국심이 샘솟았다. 내가 만든 태극기를 품속에 고이 간직하고 집에 왔다. 유관순 열사처럼 만세를 불렀다.

　지금 우리가 편하게 생활하고 공부할 수 있게 된 것은 목숨 걸고 나라를 지킨 선조 덕분이다. 한국을 더 알리고 태극기를 온 세상이 알 수 있도록 훌륭한 사람이 되고 싶다.

1. ○○○ 안에 들어갈 알맞은 말을 글에서 찾아 쓰세요.

> ○○○는 우리나라의 국기 이름이다. 국기의 한 가운데에 빨간색과 파란색으로 동그란 태극 무늬가 있어서 '○○○'이다.

2. 글 대한 내용이 맞는 것을 고르세요.
   ① 태극기는 주황색과 초록색으로 되어 있다.
   ② 태극 무늬는 삼국시대부터 사용했나.
   ③ 태극기는 대통령이 만들었다.
   ④ 국기로 사용한 것은 삼국시대부터이다.
   ⑤ 나는 유관순 열사의 후손이다.

3. 태극기를 보면 마음속에서 어떤 생각이 떠오르나요?

_____

_____

일기문 (11)

날짜 : 10월 13일

날씨 :

제목 : 우리 반

  우리 반 아이들은 시도 때도 없이 떠든다. 쉬는 시간이 되면 교실 뒤로 우르르 몰려가 기다렸다는 듯 신나게 떠들어 댄다. 서로 얘기를 먼저 하려고 목소리를 높이는 아이 때문에 교실은 싸움이라도 난 것처럼 몹시 시끄럽다.

  3교시에 선생님께서 '우리 마을'에 대해 이야기하자고 하셨다.

  입에 지퍼를 채운 듯 아무도 대답하지 않았다. 그렇다. 지금은 쉬는 시간이 아닌 수업 시간이기 때문이었다. 선생님은 몇 번이나 질문을

계속하셨지만, 아이들은 눈만 껌뻑거리며 입을 열지 않았다.

사실 우리 반에서 발표하면 친구들이 비웃을 때가 많다. 발표하다가 엉뚱한 소리라도 하면, 아이들은 기다렸다는 듯 피식 웃어버린다. 반대로 대답을 잘하면 "어쭈, 제법인데." 라며 놀린다.

쉬는 시간에도, 수업 시간에도 서로 이야기를 잘 들어주는 배려심이 있다면 얼마나 좋을까? 그러면 쉬는 시간도, 수업 시간도 참 즐거울 텐데.

1. 글쓴이의 반 분위기는 어떠한가요?
   ① 수업 시간이 왁자지껄 떠든다.
   ② 독서를 많이 하는 분위기다.
   ③ 서로 발표하려고 바른 자세로 손을 든다.
   ④ 쉬는 시간에 시끄럽다.
   ⑤ 늘 조용하다.

2. 여러분은 수업 시간에 발표를 잘하나요? 혹시 발표를 잘 하지 않는다면 이유가 무엇인가요?

_____

_____

_____

3. 이 일기에는 날씨가 빠져 있습니다. 날짜를 보고 날씨를 상상하면서 적당한 표현을 적어보세요.

_____

_____

활어쌤 독서논술교실 **테마글쓰기 - 일기쓰기**

저　　자 : 한수지
발 행 처 : 삼성미디어교육
주　　소 : 대구광역시 서구 평리로 287 (학사빌딩 3F)　TEL : (053) 523-2200
출　　판 : 부카
펴 낸 날 : 2024년 5월 30일
가　　격 : 8,000원

※ 이 책의 내용은 독창적인 것이므로 표절이나 복제를 불허함.
※ 특정 항목을 유사하게 변형시켜 사용할 경우에도 표절로 간주함.

- 활어쌤 상표 등록 (제 40-2016-0026778호)
- 활어쌤 서비스표 등록 (제 41-2016-0017090호)